国学十三经　四

大学
中庸
论语

线装書局

大学

大学之道，在明明德，在亲民，在止于至善。知止而后有定，定而后能静，静而后能安，安而后能虑，虑而后能得。物有本末，事有终始，知所先后，则近道矣。

古之欲明明德于天下者，先治其国。欲治其国者，先齐其家。欲齐其家者，先修其身。欲修其身者，先正其心。欲正其心者，先诚其意。欲诚其意者，先致其知。致知在格物。物格而后知至，知至而后意诚，意诚而后心正，心正而后身修，身修而后家齐，家齐而后国治，国治而后天下平。自天子以至于庶人，壹是皆以修身为本。其本乱而末治者否矣。其所厚者薄，而其所薄者厚，未之有也。此谓知本，此谓知之至也。

《康诰》曰：『克明德。』《大甲》曰：『顾𬤊天之明命。』《帝典》曰：『克明峻德。』皆自明也。

汤之盘铭曰：『苟日新，日日新，又日新。』《康诰》曰：『作新民。』《诗》曰：『周虽旧邦，其命维新。』是故君子无所不用其极。《诗》云：『邦畿千里，维民所止。』《诗》云：『缗蛮黄鸟，止于丘隅。』子曰：『于止，知其所止，可以人而不如鸟乎？』《诗》云：『穆穆文王，於缉熙敬止！』为人君，止于仁；为人臣，止于敬；为人子，止于孝；为人父，止于慈；与国人交，止于信。

《诗》云：『瞻彼淇澳，菉竹猗猗。有斐君子，如切如磋，如琢如磨。瑟兮僩兮，赫兮喧兮。有斐君子，终不可諠兮！』『如切如磋』者，道学也；『如琢如磨』者，自修也；『瑟兮僩兮』者，恂慄也；『赫兮喧兮』者，威仪也；『有斐君子，终不可諠兮』者，道盛德至善，民之不能忘也。《诗》云：『於戏，前王不忘！』君子贤其贤而亲其亲，小人乐其乐而利其利，此以没世不忘也。

子曰：『听讼，吾犹人也。必也使无讼乎！』无情者不得尽其辞。大畏民志，此谓知本。

所谓诚其意者：毋自欺也。如恶恶臭，如好好色，此之谓自谦。故君子必慎其独也。小人闲居为不善，无所不至，见君子而后厌然，掩其不善，而著其善。人之视己，如见其肺肝然，则何益矣？此谓诚于中，形于外，故君子必慎其独也。曾子曰：『十目所视，十手所指，其严乎！』富润屋，德润身，心广体胖，故君子必诚其意。

所谓修身在正其心者：身有所忿懥，则不得其正；有所恐惧，则不得其正；有所好乐，则不得其正；有所忧患，则不得其正。心不在焉，视而不见，听而不闻，食而不知其味。此谓修身在正其心。

所谓齐其家在修其身者：人之其所亲爱而辟焉，之其所贱恶而辟焉，之其所畏敬而辟焉，之其所哀矜而辟焉，之其所敖惰而辟焉。故好而知其恶，恶而知其美者，天下鲜矣。故谚有之曰：『人莫知其子之恶，莫知其苗之硕。』此谓身不修不可以齐其家。

所谓治国必先齐其家者：其家不可教而能教人者，无之。故君子不出家而成教于国！孝者，所以事君也；弟者，所以事长也；慈者，所以使众也。《康诰》曰：『如保赤子』。心诚求之，虽不中不远矣。未有学养子而后嫁者也。一家仁，一国兴仁；一家让，一国兴让；一人贪戾，一国作乱。其机如此。此谓一言偾事，一人定国。尧、舜帅天下以仁，而民从之；桀、纣帅天下以暴，而民从之。其所令反其所好，而民不从。是故君子有诸己而后求诸人，无诸己而后非诸人。所藏乎身不恕，而能喻诸人者，未之有也。故治国在齐其家。《诗》云：『桃之夭夭，其叶蓁蓁。之子于归，宜其家人。』宜其家人，而后可以教国人。《诗》云：『宜兄宜弟。』宜兄宜弟，而后可以教国人。《诗》云：『其仪不忒，正是四国。』其为父子兄弟足法，而后民法之也。此谓治国在齐其家。

所谓平天下在治其国者：上老老而民兴孝，上长长而民兴弟，上恤孤而民不倍，是以君子有絜矩之道也。所恶于上，毋以使下；所恶于下，毋以事上；所恶于前，毋以先后；所恶于后，毋以从前；所恶于右，毋以交于左；所恶于左，毋以交于右。此之谓絜矩之道。《诗》云：『乐只君子，民之父母。』民之所好好之，民之所恶恶之，此之谓民之父母。《诗》云：『节彼南山，维石岩岩。赫赫师尹，民具尔瞻。』有国者不可以不慎，辟则为天下僇矣。《诗》云：『殷之未丧师，克配上帝。仪监于殷，峻命不易。』道得众则得国，失众则失国。

是故君子先慎乎德。有德此有人，有人此有土，有土此有财，有财此有用。德者本也，财者末也。外本内末，争民施夺。是故财聚则民散，财散则民聚。是故言悖而出者，亦悖而入；货悖而入者，亦悖而出。《康诰》曰：『惟命不于常！』道善则得之，不善则失之矣。《楚书》曰：『楚国无以为宝，惟善以为宝。』舅犯曰：『亡人无以为宝，仁亲以为宝。』

《秦誓》曰：『若有一个（介）臣，断断兮无他技，其心休休焉，其如有容焉。人之有技，若己有之；人之彦圣，其心好之，不啻若自其口出。实能容之，以能保我子孙黎民，尚亦有利哉！人之有技，媢疾以恶之。人之彦圣，而违之俾不通，实不能容，以不能保我子孙黎民，亦曰殆哉！』唯仁人放流之，迸诸四夷，不与同中国。此谓唯仁人为能爱人，能恶人。见贤而不能举，举而不能先，命也；见不善而不能退，退而不能远，过也。好人之所恶，恶人之所好，是谓拂人之性，灾必逮夫身。是故君子有大道，必忠信以得之，骄泰以失之。

生财有大道。生之者众，食之者寡，为之者疾，用之者舒，则财恒足矣。

仁者以财发身，不仁者以身发财。未有上好仁而下不好义者也，未有好义其事不终者也，未有府库财非其财者也。孟献子曰：『畜马乘，不察于鸡豚；伐冰之家，不畜牛羊；百乘之家，不畜聚敛之臣。与其有聚敛之臣，宁有盗臣。』此谓国不以利为利，以义为利也。长国家而务财用者，必自小人矣。彼为善之，小人之使为国家，灾害并至。虽有善者，亦无如之何矣！此谓国不以利为利，以义为利也。

（韩慧强　校订）

中庸

天命之谓性，率性之谓道，修道之谓教。道也者，不可须臾离也，可离非道也。是故君子戒慎乎其所不睹，恐惧乎其所不闻。莫见乎隐，莫显乎微，故君子慎其独也。喜怒哀乐之未发，谓之中；发而皆中节，谓之和。中也者，天下之大本也；和也者，天下之达道也。致中和，天地位焉，万物育焉。

仲尼曰：『君子中庸，小人反中庸。君子之中庸也，君子而时中；小人之中庸也，小人而无忌惮也。』

子曰：『中庸其至矣乎！民鲜能久矣！』

子曰：『道之不行也，我知之矣，知者过之，愚者不及也；道之不明也，我知之矣，贤者过之，不肖者不及也。人莫不饮食也，鲜能知味也。』

子曰：『道其不行矣夫！』

子曰：『舜其大知也与！舜好问而好察迩言，隐恶而扬善。执其两端，用其中于民，其斯以为舜乎！』

子曰：『人皆曰「予知」，驱而纳诸罟擭陷阱之中，而莫之知辟也。人皆曰「予知」，择乎中庸，而不能期月守也。』

子曰：『回之为人也，择乎中庸，得一善，则拳拳服膺而弗失之矣。』

子曰：『天下国家可均也，爵禄可辞也，白刃可蹈也，中庸不可能也。』

子路问强。子曰：『南方之强与？北方之强与？抑而强与？宽柔以教，不报无道，南方之强也，君子居之。衽金革，死而不厌，北方之强也，而强者居之。故君子和而不流，强哉矫！中立而不倚，强哉矫！国有道，不变塞焉，强哉矫！国无道，至死不变，强哉矫！』

子曰：『素隐行怪，后世有述焉，吾弗为之矣。君子遵道而行，半涂而废，吾弗能已矣。君子依乎中庸，遁世不见知而不悔，唯圣者能之。』

君子之道，费而隐。夫妇之愚，可以与知焉，及其至也，虽圣人亦有所不知焉。夫妇之不肖，可以能行焉，及其至也，虽圣人亦有所不能焉。天地之大也，人犹有所憾。故君子语大，天下莫能载焉；语小，天下莫能破焉。《诗》云：『鸢飞戾天，鱼跃于渊。』言其上下察也。君子之道，造端乎夫妇，及其至也，察乎天地。

子曰：『道不远人。人之为道而远人，不可以为道。《诗》云：「伐柯，伐柯，其则不远。」执柯以伐柯，睨而视之，犹以为远。故君子以人治人，改而止。忠恕违道不远，施诸己而不愿，亦勿施于人。君子之道四，丘未能一焉：所求乎子，以事父，未能也；所求乎臣，以事君，未能也；所求乎弟，以事兄，未能也；所求乎朋友，先施之，未能也。庸德之行，庸言之谨，有所不足，不敢不勉，有馀不敢尽；言顾行，行顾言，君子胡不慥慥尔！』

君子素其位而行，不愿乎其外。素富贵，行乎富贵；素贫贱，行乎贫贱；素夷狄，行乎夷狄；素患难，行乎患难。君子无入而不自得焉。在上位不陵下，在下位不援上，正己而不求于人，则无怨。上不怨天，下不尤人。故君子居易以俟命，小人行险以徼幸。子曰：『射有似乎君子；失诸正鹄，反求诸其身。』

君子之道，辟如行远，必自迩；辟如登高，必自卑。《诗》曰：『妻子好合，如鼓瑟琴。兄弟既翕，和乐且耽。宜尔室家，乐尔妻帑。』子曰：『父母其顺矣乎！』

子曰：『鬼神之为德，其盛矣乎！视之而弗见，听之而弗闻，体物而不可遗。使天下之人齐明盛服，以承祭祀。洋洋乎如在其上，如在其左右。《诗》曰：「神之格思，不可度思！矧可射思！」夫微之显，诚之不可掩如此夫。』

子曰：『舜其大孝也与！德为圣人，尊为天子，富有四海之内。宗庙飨之，子孙保之。故大德必得其位，必得其禄，必得其名，必得其寿。故天之生物，必因其材而笃焉。故栽者培之，倾者覆之。《诗》曰：「嘉乐君子，宪宪令德。宜民宜人，受禄于天。保佑命之，自天申之。」故大德者必受命。』

子曰：『无忧者，其惟文王乎！以王季为父，以武王为子，父作之，子述之。武王缵大王、王季、文王之绪，壹戎衣而有天下，身不失天下之显名。尊为天子，富有四海之内。宗庙飨之，子孙保之。武王末受命，周公成文、武之德，追王大王、王季，上祀先公以天子之礼。斯礼也，达乎诸侯大夫，及士庶人。父为大夫，子为士，葬以大夫，祭以士。父为士，子为大夫，葬以士，祭以大夫。期之丧，达乎大夫。三年之丧，达乎天子。父母之丧，无贵贱，一也。』

子曰：『武王、周公，其达孝矣乎！夫孝者，善继人之志，善述人之事者也。春秋修其祖庙，陈其宗器，设其裳衣，荐其时食。宗庙之礼，所以序昭穆也。序爵，所以辨贵贱也。序事，所以辨贤也。旅酬下为上，所以逮贱也。燕毛，所以序齿也。践其位，行其礼，奏其乐，敬其所尊，爱其所亲，事死如事生，事亡如事存，孝之至也。郊社之礼，所以事上帝也。宗庙之礼，所以祀乎其先也。明乎郊社之礼、禘尝之义，治国其如示诸掌乎！』

哀公问政。子曰：『文武之政，布在方策。其人存，则其政举；其人亡，则其政息。人道敏政，地道敏树。夫政也者，蒲卢也。故为政在人，取人以身，修身以道，修道以仁。仁者人也，亲亲为大；义者宜也，尊贤为大。亲亲之杀，尊贤之等，礼所生也。在下位不获乎上，民不可得而治矣！故君子不可以不修身；思修身，不可以不事亲；思事亲，不可以不知人；思知人，不可以不知天。

『天下之达道五，所以行之者三。曰：君臣也，父子也，夫妇也，昆弟也，朋友之交也，五者天下之达道也。知、仁、勇三者，天下之达德也，所以行之者一也。或生而知之，或学而知之，或困而知之，及其知之，一也。或安而行之，或利而行之，或勉强而行之，及其成功，一也。』

子曰：『好学近乎知，力行近乎仁，知耻近乎勇。知斯三者，则知所以修身；知所以修身，则知所以治人；知所以治人，则知所以治天下国家矣。

『凡为天下国家有九经，曰：修身也，尊贤也，亲亲也，敬大臣也，体群臣也，子庶民也，来百工也，柔远人也，怀诸侯也。修身则道立，尊贤则不惑，亲亲则诸父昆弟不怨，敬大臣则不眩，体群臣则士之报礼重，子庶民则百姓劝，来百工则财用足，柔远人则四方归之，怀诸侯则天下畏之。齐明盛服，非礼不动，所以修身也；去谗远色，贱货而贵德，所以劝贤也；尊其位，重其禄，同其好恶，所以劝亲亲也；官盛任使，所以劝大臣也；忠信重禄，所以劝士也；时使薄敛，所以劝百姓也；日省月试，既禀称事，所以劝百工也；送往迎来，嘉善而矜不能，所以柔远人也；继绝世，举废国，治乱持危，朝聘以时，厚往而薄来，所以怀诸侯也。凡为天下国家有九经，所以行之者，一也。

『凡事豫则立，不豫则废。言前定则不跲，事前定则不困，行前定则不疚，道前定则不穷。

『在下位不获乎上，民不可得而治矣。获乎上有道：不信乎朋友，不获乎上矣；信乎朋友有道：不顺乎亲，不信乎朋友矣；顺乎亲有道：反诸身不诚，不顺乎亲矣；诚身有道：不明乎善，不诚乎身矣。诚者，天之道也；诚之者，人之道也。诚者不勉而中，不思而得，从容中道，圣人也。诚之者，择善而固执之者也。

『博学之，审问之，慎思之，明辨之，笃行之。有弗学，学之弗，能弗措也；有弗问，问之弗，知弗措也；有弗思，思之弗得，弗措也；有弗辨，辨之弗明，弗措也；有弗行，行之弗笃，弗措也。人一能之己百之，人十能之己千之。果能此道矣，虽愚必明，虽柔必强。』

自诚明，谓之性。自明诚，谓之教。诚则明矣，明则诚矣。

唯天下至诚，为能尽其性；能尽其性，则能尽人之性；能尽人之性，则能尽物之性；能尽物之性，则可以赞天地之化育；可以赞天地之化育，则可以与天地参矣。

其次致曲。曲能有诚。诚则形，形则著，著则明，明则动，动则变，变则化，唯天下至诚为能化。

至诚之道，可以前知。国家将兴，必有祯祥。国家将亡，必有妖孽。见乎蓍龟，动乎四体。祸福将至：善，必先知之；不善，必先知之。故至诚如神。

诚者，自成也；而道，自道也。诚者物之终始，不诚无物。是故君子诚之为贵。诚者非自成己而已也，所以成物也。成己，仁也；成物，知也。性之德也，合外内之道也，故时措之宜也。

故至诚无息。不息则久，久则征，征则悠远，悠远则博厚，博厚则高明。

博厚，所以载物也；高明，所以覆物也；悠久，所以成物也。博厚配地，高明配天，悠久无疆。如此者，不见而章，不动而变，无为而成。天地之道，可一言而尽也：其为物不贰，则其生物不测。天地之道：博也，厚也，高也，明也，悠也，久也。今夫天，斯昭昭之多，及其无穷也，日月星辰系焉，万物覆焉。今夫地，一撮土之多，及其广厚，载华岳而不重，振河海而不泄，万物载焉。今夫山，一卷石之多，及其广大，草木生之，禽兽居之，宝藏兴焉。今夫水，一勺之多，及其不测，鼋、鼍、蛟龙、鱼、鳖生焉，货财殖焉。《诗》云：『维天之命，于穆不已！』盖曰天之所以为天也。『於乎不显，文王之德之纯！』盖曰文王之所以为文也，纯亦不已。

大哉，圣人之道！洋洋乎发育万物，峻极于天。优优大哉！礼仪三百，威仪三千，待其人而后行。故曰：『苟不至德，至道不凝焉。』故君子尊德性而道问学，致广大而尽精微，极高明而道中庸。温故而知新，敦厚以崇礼。是故居上不骄，为下不倍，国有道，其言足以兴；国无道，其默足以容。《诗》曰：『既明且哲，以保其身。』其此之谓与！

子曰：『愚而好自用，贱而好自专，生乎今之世，反古之道。如此者，裁及其身者也。』非天子，不议礼，不制度，不考文。今天下车同轨，书同文，行同伦。虽有其位，苟无其德，不敢作礼乐焉；虽有其德，苟无其位，亦不敢作礼乐焉。』

子曰：『吾说夏礼，杞不足征也。吾学殷礼，有宋存焉。吾学周礼，今用之，吾从周。』

王天下有三重焉，其寡过矣乎！上焉者虽善无征，无征不信，不信民弗从；下焉者虽善不尊，不尊不信，不信民弗从。故君子之道：本诸身，征诸庶民，考诸三王而不缪，建诸天地而不悖，质诸鬼神而无疑，百世以俟圣人而不惑。质诸鬼神而无疑，知天也；百世以俟圣人而不惑，知人也。是故君子动而世为天下道，行而世为天下法，言而世为天下则。远之则有望，近之则不厌。《诗》曰：『在彼无恶，在此无射。庶几夙夜，以永终誉！』君子未有不如此而蚤有誉于天下者也。

仲尼祖述尧、舜，宪章文、武。上律天时，下袭水土。辟如天地之无不持载，无不覆帱；辟如四时之错行，如日月之代明。万物并育而不相害，道并行而不相悖。小德川流，大德敦化，此天地之所以为大也。

唯天下至圣为能聪明睿知，足以有临也；宽裕温柔，足以有容也；发强刚毅，足以有执也；齐庄中正，足以有敬也；文理密察，足以有别也。溥博渊泉，而时出之。溥博如天，渊泉如渊。见而民莫不敬，言而民莫不信，行而民莫不说。是以声名洋溢乎中国，施及蛮貊。舟车所至，人力所通。天之所覆，地之所载，日月所照，霜露所队，凡有血气者，莫不尊亲。故曰配天。

唯天下至诚为能经纶天下之大经，立天下之大本，知天地之化育。夫焉有所倚？肫肫其仁！渊渊其渊！浩浩其天！苟不固聪明圣知达天德者，其孰能知之？

《诗》曰：『衣锦尚絅』，恶其文之著也。故君子之道，暗然而日章；小人之道，的然而日亡。君子之道：淡而不厌，简而文，温而理，知远之近，知风之自，知微之显，可与入德矣。《诗》云：『潜虽伏矣，亦孔之昭！』故君子内省不疚，无恶于志。君子之所不可及者，其唯人之所不见乎！《诗》云：『相在尔室，尚不愧于屋漏。』故君子不动而敬，不言而信。《诗》曰：『奏假无言，时靡有争。』是故君子不赏而民劝，不怒而民威于鈇钺。《诗》曰：『不显惟德！百辟其刑之。』是故君子笃恭而天下平。《诗》云：『予怀明德，不大声以色。』子曰：『声色之于以化民，末也。』《诗》曰『德輶如毛』，毛犹有伦。『上天之载，无声无臭』，至矣！

（韩慧强　校订）

论语

学而第一

子曰：『学而时习之，不亦说乎？有朋自远方来，不亦乐乎？人不知，而不愠，不亦君子乎？』

有子曰：『其为人也孝弟，而好犯上者，鲜矣；不好犯上，而好作乱者，未之有也。君子务本，本立而道生。孝弟也者，其为仁之本与！』

子曰：『巧言令色，鲜矣仁！』

曾子曰：『吾日三省吾身：为人谋而不忠乎？与朋友交而不信乎？传不习乎？』

子曰：『道千乘之国，敬事而信，节用而爱人，使民以时。』

子曰：『弟子，入则孝，出则弟，谨而信，汎爱众，而亲仁。行有馀力，则以学文。』

子夏曰：『贤贤易色；事父母，能竭其力；事君，能致其身；与朋友交，言而有信；虽曰未学，吾必谓之学矣。』

子曰：『君子不重，则不威；学则不固。主忠信。无友不如己者。过，则勿惮改。』

曾子曰：『慎终，追远，民德归厚矣。』

子禽问于子贡曰：『夫子至于是邦也，必闻其政，求之与？抑与之与？』子贡曰：『夫子温、良、恭、俭、让以得之。夫子之求之也，其诸异乎人之求之与？』

子曰：『父在，观其志；父没，观其行；三年无改于父之道，可谓孝矣。』

有子曰：『礼之用，和为贵。先王之道，斯为美，小大由之。有所不行，知和而和，不以礼节之，亦不可行也。』

有子曰：『信近于义，言可复也；恭近于礼，远耻辱也；因不失其亲，亦可宗也。』

子曰：『君子食无求饱，居无求安，敏于事而慎于言，就有道而正焉，可谓好学也已。』

子贡曰：『贫而无谄，富而无骄，何如？』子曰：『可也。未若贫而乐，富而好礼者也。』

子贡曰：『《诗》云：「如切如磋，如琢如磨。」其斯之谓与？』子曰：『赐也，始可与言诗已矣！告诸往而知来者。』

子曰：『不患人之不己知，患不知人也。』

为政第二

子曰：『为政以德，譬如北辰，居其所，而众星共之。』

子曰：『《诗》三百，一言以蔽之，曰：「思无邪。」』

子曰：『道之以政，齐之以刑，民免而无耻；道之以德，齐之以礼，有耻且格。』

子曰：『吾十有五而志于学，三十而立，四十而不惑，五十而知天命，六十而耳顺，七十而从心所欲，不踰矩。』

孟懿子问孝。子曰：『无违。』樊迟御，子告之曰：『孟孙问孝于我，我对曰：无违。』樊迟曰：『何谓也？』子曰：『生，事之以礼；死，葬之以礼，祭之以礼。』

孟武伯问孝。子曰：『父母唯其疾之忧。』

子游问孝。子曰：『今之孝者，是谓能养。至于犬马，皆能有养；不敬，何以别乎？』

子夏问孝。子曰：『色难。有事，弟子服其劳；有酒食，先生馔，曾是以为孝乎？』

子曰：『吾与回言终日，不违如愚。退而省其私，亦足以发，回也不愚。』

子曰：『视其所以，观其所由，察其所安。人焉廋哉？人焉廋哉？』

子曰：『温故而知新，可以为师矣。』

子曰：『君子不器。』

子贡问君子。子曰：『先行其言，而后从之。』

子曰：『君子周而不比，小人比而不周。』

子曰：『学而不思则罔，思而不学则殆。』

子曰：『攻乎异端，斯害也已！』

子曰：『由，诲女知之乎！知之为知之，不知为不知，是知也。』

子张学干禄。子曰：『多闻阙疑，慎言其馀，则寡尤；多见阙殆，慎行其馀，则寡悔。言寡尤，行寡悔，禄在其中矣。』

哀公问曰：『何为则民服？』孔子对曰：『举直错诸枉，则民服；举枉错诸直，则民不服。』

季康子问：『使民敬、忠以劝，如之何？』子曰：『临之以庄，则敬；孝慈，则忠；举善而教不能，则劝。』

或谓孔子曰：『子奚不为政？』子曰：『《书》云：「孝乎惟孝，友于兄弟，施于有政。」是亦为政，奚其为为政？』

子曰：『人而无信，不知其可也。大车无輗，小车无軏，其何以行之哉？』

子张问：『十世可知也？』子曰：『殷因于夏礼，所损益，可知也；周因于殷礼，所损益，可知也。其或继周者，虽百世，可知也。』

子曰：『非其鬼而祭之，谄也。见义不为，无勇也。』

八佾第三

孔子谓季氏：『八佾舞于庭，是可忍也，孰不可忍也？』

三家者以《雍》彻。子曰：『「相维辟公，天子穆穆」，奚取于三家之堂？』

子曰：『人而不仁，如礼何？人而不仁，如乐何？』

林放问礼之本。子曰：『大哉问！礼，与其奢也，宁俭；丧，与其易也，宁戚。』

子曰：『夷狄之有君，不如诸夏之亡也。』

季氏旅于泰山。子谓冉有曰：『女弗能救与？』对曰：『不能。』子曰：『呜呼！曾谓泰山不如林放乎？』

子曰：『君子无所争。必也射乎！揖让而升，下而饮。其争也君子。』

子夏问曰：『「巧笑倩兮，美目盼兮，素以为绚兮。」何谓也？』子曰：

『绘事后素。』曰：『礼后乎？』子曰：『起予者商也！始可与言诗已矣。』

子曰：『夏礼，吾能言之，杞不足征也；殷礼，吾能言之，宋不足征也。文献不足故也。足，则吾能征之矣。』

子曰：『禘，自既灌而往者，吾不欲观之矣。』

或问禘之说。子曰：『不知也。知其说者之于天下也，其如示诸斯乎！』指其掌。

祭如在，祭神如神在。子曰：『吾不与祭，如不祭。』

王孙贾问曰：『「与其媚于奥，宁媚于灶」，何谓也？』子曰：『不然，获罪于天，无所祷也。』

子曰：『周监于二代，郁郁乎文哉！吾从周。』

子入太庙，每事问。或曰：『孰谓鄹人之子知礼乎？入太庙，每事问。』子闻之，曰：『是礼也。』

子曰：『射不主皮，为力不同科，古之道也。』

子贡欲去告朔之饩羊。子曰：『赐也！尔爱其羊，我爱其礼。』

子曰：『事君尽礼，人以为谄也。』

定公问：『君使臣，臣事君，如之何？』孔子对曰：『君使臣以礼，臣事君以忠。』

子曰：『《关雎》，乐而不淫，哀而不伤。』

哀公问社于宰我。宰我对曰：『夏后氏以松，殷人以柏，周人以栗，曰，使民战栗。』子闻之，曰：『成事不说，遂事不谏，既往不咎。』

子曰：『管仲之器小哉！』

或曰：『管仲俭乎？』曰：『管氏有三归，官事不摄，焉得俭？』

『然则管仲知礼乎？』曰：『邦君树塞门，管氏亦树塞门。邦君为两君之好，有反坫，管氏亦有反坫。管氏而知礼，孰不知礼？』

子语鲁大师乐，曰：『乐其可知也：始作，翕如也；从之，纯如也，皦如也，绎如也，以成。』

仪封人请见，曰：『君子之至于斯也，吾未尝不得见也。』从者见之。

出，曰：『二三子何患于丧乎？天下之无道也久矣，天将以夫子为木铎。』

子谓《韶》：『尽美矣，又尽善也。』谓《武》：『尽美矣，未尽善也。』

子曰：『居上不宽，为礼不敬，临丧不哀，吾何以观之哉？』

里仁第四

子曰：『里仁为美。择不处仁，焉得知？』

子曰：『不仁者不可以久处约，不可以长处乐。仁者安仁，知者利仁。』

子曰：『唯仁者能好人，能恶人。』

子曰：『苟志于仁矣，无恶也。』

子曰：『富与贵，是人之所欲也，不以其道得之，不处也；贫与贱，是人之所恶也，不以其道得之，不去也。君子去仁，恶乎成名？君子无终食之间违仁，造次必于是，颠沛必于是。』

子曰：『我未见好仁者，恶不仁者。好仁者，无以尚之；恶不仁者，其为仁矣，不使不仁者加乎其身。有能一日用其力于仁矣乎？我未见力

不足者。盖有之矣，我未之见也。』

子曰：『人之过也，各于其党。观过，斯知仁矣。』

子曰：『朝闻道，夕死可矣。』

子曰：『士志于道，而耻恶衣恶食者，未足与议也。』

子曰：『君子之于天下也，无适也，无莫也，义之与比。』

子曰：『君子怀德，小人怀土；君子怀刑，小人怀惠。』

子曰：『放于利而行，多怨。』

子曰：『能以礼让为国乎？何有？不能以礼让为国，如礼何？』

子曰：『不患无位，患所以立。不患莫己知，求为可知也。』

子曰：『参乎！吾道一以贯之。』曾子曰：『唯。』

子出。门人问曰：『何谓也？』曾子曰：『夫子之道，忠恕而已矣！』

子曰：『君子喻于义，小人喻于利。』

子曰：『见贤思齐焉，见不贤而内自省也。』

子曰：『事父母几谏，见志不从，又敬不违，劳而不怨。』

子曰：『父母在，不远游，游必有方。』

子曰：『三年无改于父之道，可谓孝矣。』

子曰：『父母之年，不可不知也。一则以喜，一则以惧。』

子曰：『古者言之不出，耻躬之不逮也。』

子曰：『以约失之者鲜矣！』

子曰：『君子欲讷于言而敏于行。』

子曰：『德不孤，必有邻。』

子游曰：『事君数，斯辱矣；朋友数，斯疏矣。』

公冶长第五

子谓公冶长：『可妻也。虽在缧绁之中，非其罪也。』以其子妻之。

子谓南容，『邦有道，不废；邦无道，免于刑戮。』以其兄之子妻之。

子谓子贱：『君子哉若人！鲁无君子者，斯焉取斯？』

子贡问曰：『赐也何如？』子曰：『女，器也。』曰：『何器也？』曰：『瑚琏也。』

或曰：『雍也仁而不佞。』子曰：『焉用佞？御人以口给，屡憎于人。不知其仁，焉用佞？』

子使漆雕开仕。对曰：『吾斯之未能信。』子说。

子曰：『道不行，乘桴浮于海。从我者，其由与？』子路闻之喜。子曰：『由也好勇过我，无所取材。』

孟武伯问：『子路仁乎？』子曰：『不知也。』又问。子曰：『由也，千乘之国，可使治其赋也。不知其仁也。』『求也何如？』子曰：『求也，千室之邑，百乘之家，可使为之宰也。不知其仁也。』『赤也何如？』子曰：『赤也，束带立于朝，可使与宾客言也。不知其仁也。』

子谓子贡曰：『女与回也孰愈？』对曰：『赐也何敢望回？回也闻一以知十，赐也闻一以知二。』子曰：『弗如也；吾与女弗如也。』

宰予昼寝。子曰：『朽木不可雕也，粪土之墙不可杇也。于予与何诛？』子曰：『始吾于人也，听其言而信其行；今吾于人也，听其言而观其行。于予与改是。』

子曰：『吾未见刚者。』或对曰：『申枨。』子曰：『枨也欲，焉得刚？』

子贡曰：『我不欲人之加诸我也，吾亦欲无加诸人。』子曰：『赐也，非尔所及也。』

子贡曰：『夫子之文章，可得而闻也；夫子之言性与天道，不可得而闻也。』

子路有闻，未之能行，唯恐有闻。

子贡问曰：『孔文子何以谓之「文」也？』子曰：『敏而好学，不耻下问，是以谓之「文」也。』

子谓子产有君子之道四焉：『其行己也恭，其事上也敬，其养民也惠，其使民也义。』

子曰：『晏平仲善与人交，久而敬之。』

子曰：『臧文仲居蔡，山节藻棁，何如其知也？』

子张问曰：『令尹子文三仕为令尹，无喜色；三已之，无愠色。旧令尹之政，必以告新令尹。何如？』子曰：『忠矣。』曰：『仁矣乎？』曰：『未知。焉得仁？』『崔子弑齐君，陈文子有马十乘，弃而违之。至于他邦，则曰：「犹吾大夫崔子也。」违之。之一邦，则又曰：「犹吾大夫崔子也。」违之。何如？』子曰：『清矣。』曰：『仁矣乎？』曰：『未知。焉得仁？』

季文子三思而后行。子闻之，曰：『再，斯可矣。』

子曰：『宁武子邦有道则知，邦无道则愚。其知可及也，其愚不可及也。』

子在陈，曰：『归与！归与！吾党之小子狂简，斐然成章，不知所以裁之。』

子曰：『伯夷、叔齐不念旧恶，怨是用希。』

子曰：『孰谓微生高直？或乞醯焉，乞诸其邻而与之。』

子曰：『巧言、令色、足恭，左丘明耻之，丘亦耻之。匿怨而友其人，左丘明耻之，丘亦耻之。』

颜渊、季路侍。子曰：『盍各言尔志？』子路曰：『愿车马、衣轻裘，与朋友共。敝之而无憾。』颜渊曰：『愿无伐善，无施劳。』子路曰：『愿闻子之志。』子曰：『老者安之，朋友信之，少者怀之。』

子曰：『已矣乎！吾未见能见其过而内自讼者也。』

子曰：『十室之邑，必有忠信如丘者焉，不如丘之好学也。』

雍也第六

子曰：『雍也可使南面。』

仲弓问子桑伯子。子曰：『可也简。』仲弓曰：『居敬而行简，以临其民，不亦可乎？居简而行简，无乃大简乎！』子曰：『雍之言然。』

哀公问：『弟子孰为好学？』孔子对曰：『有颜回者好学，不迁怒，不贰过。不幸短命死矣！今也则亡，未闻好学者也。』

子华使于齐，冉子为其母请粟。子曰：『与之釜。』请益。曰：『与之庾。』冉子与之粟五秉。子曰：『赤之适齐也，乘肥马，衣轻裘。吾闻之也：君子周急不继富。』

原思为之宰，与之粟九百，辞。子曰：『毋！以与尔邻里乡党乎！』

子谓仲弓曰：『犁牛之子骍且角，虽欲勿用，山川其舍诸？』

子曰：『回也，其心三月不违仁，其馀则日月至焉而已矣。』

季康子问：『仲由可使从政也与？』子曰：『由也果，于从政乎何有？』曰：『赐也可使从政也与？』曰：『赐也达，于从政乎何有？』曰：『求也可使从政也与？』曰：『求也艺，于从政乎何有？』

季氏使闵子骞为费宰。闵子骞曰：『善为我辞焉！如有复我者，则吾必在汶上矣。』

伯牛有疾，子问之，自牖执其手，曰：『亡之，命矣夫！斯人也而有斯疾也！斯人也而有斯疾也！』

子曰：『贤哉，回也！一箪食，一瓢饮，在陋巷。人不堪其忧，回也不改其乐。贤哉，回也！』

冉求曰：『非不说子之道，力不足也。』子曰：『力不足者，中道而废，今女画。』

子谓子夏曰：『女为君子儒，无为小人儒。』

子游为武城宰。子曰：『女得人焉耳乎？』曰：『有澹台灭明者，行不由径，非公事，未尝至于偃之室也。』

子曰：『孟之反不伐，奔而殿，将入门，策其马，曰：「非敢后也，马不进也。」』

子曰：『不有祝鮀之佞，而有宋朝之美，难乎免于今之世矣。』

子曰：『谁能出不由户？何莫由斯道也？』

子曰：『质胜文则野，文胜质则史。文质彬彬，然后君子。』

子曰：『人之生也直，罔之生也幸而免。』

子曰：『知之者不如好之者，好之者不如乐之者。』

子曰：『中人以上，可以语上也；中人以下，不可以语上也。』

樊迟问知。子曰：『务民之义，敬鬼神而远之，可谓知矣。』问仁。曰：『仁者先难而后获，可谓仁矣。』

子曰：『知者乐水，仁者乐山。知者动，仁者静。知者乐，仁者寿。』

子曰：『齐一变，至于鲁；鲁一变，至于道。』

子曰：『觚不觚，觚哉！觚哉！』

宰我问曰：『仁者，虽告之曰「井有仁焉。」其从之也？』子曰：『何为其然也？君子可逝也，不可陷也；可欺也，不可罔也。』

子曰：『君子博学于文，约之以礼，亦可以弗畔矣夫！』

子见南子，子路不说。夫子矢之，曰：『予所否者，天厌之！天厌之！』

子曰：『中庸之为德也，其至矣乎！民鲜久矣。』

子贡曰：『如有博施于民而能济众，何如？可谓仁乎？』子曰：『何事于仁！必也圣乎！尧舜其犹病诸！夫仁者，己欲立而立人，己欲达而达人。能近取譬，可谓仁之方也已。』

述而第七

子曰：『述而不作，信而好古。窃比于我老彭。』

子曰：『默而识之，学而不厌，诲人不倦，何有于我哉？』

子曰：『德之不修，学之不讲，闻义不能徙，不善不能改，是吾忧也。』

子之燕居，申申如也，夭夭如也。

子曰：『甚矣吾衰也！久矣吾不复梦见周公！』

子曰：『志于道，据于德，依于仁，游于艺。』

子曰：『自行束修以上，吾未尝无诲焉。』

子曰：『不愤不启，不悱不发。举一隅不以三隅反，则不复也。』

子食于有丧者之侧，未尝饱也。子于是日哭，则不歌。

子谓颜渊曰：『用之则行，舍之则藏，惟我与尔有是夫！』子路曰：『子行三军，则谁与？』子曰：『暴虎冯河，死而无悔者，吾不与也。必也临事而惧，好谋而成者也。』

子曰：『富而可求也，虽执鞭之士，吾亦为之。如不可求，从吾所好。』

子之所慎：齐，战，疾。

子在齐闻《韶》，三月不知肉味。曰：『不图为乐之至于斯也！』

冉有曰：『夫子为卫君乎？』子贡曰：『诺；吾将问之。』入，曰：『伯夷、叔齐何人也？』曰：『古之贤人也。』曰：『怨乎？』曰：『求仁而得仁，又何怨？』出，曰：『夫子不为也。』

子曰：『饭疏食，饮水，曲肱而枕之，乐亦在其中矣。不义而富且贵，于我如浮云。』

子曰：『加我数年，五十以学《易》，可以无大过矣。』

子所雅言：《诗》、《书》、执礼，皆雅言也。

叶公问孔子于子路，子路不对。子曰：『女奚不曰：其为人也，发愤忘食，乐以忘忧，不知老之将至云尔。』

子曰：『我非生而知之者，好古，敏以求之者也。』

子不语怪、力、乱、神。

子曰：『三人行，必有我师焉；择其善者而从之，其不善者而改之。』

子曰：『天生德于予，桓魋其如予何？』

子曰：『二三子以我为隐乎？吾无隐乎尔。吾无行而不与二三子者，是丘也。』

子以四教：文，行，忠，信。

子曰：『圣人，吾不得而见之矣；得见君子者，斯可矣。』子曰：『善人，吾不得而见之矣；得见有恒者，斯可矣。亡而为有，虚而为盈，约而为泰，难乎有恒矣。』

子钓而不纲，弋不射宿。

子曰：『盖有不知而作之者，我无是也。多闻择其善者而从之，多见而识之，知之次也。』

互乡难与言。童子见，门人惑。子曰：『与其进也，不与其退也，唯何甚？人洁己以进，与其洁也，不保其往也。』

子曰：『仁远乎哉？我欲仁，斯仁至矣。』

陈司败问：『昭公知礼乎？』孔子曰：『知礼。』孔子退，揖巫马期而进之，曰：『吾闻君子不党，君子亦党乎？君取于吴，为同姓，谓之吴孟子。君而知礼，孰不知礼？』巫马期以告。子曰：『丘也幸，苟有过，人必知之。』

子与人歌而善，必使反之，而后和之。

子曰：『文，莫吾犹人也。躬行君子，则吾未之有得。』

子曰：『若圣与仁，则吾岂敢？抑为之不厌，诲人不倦，则可谓云尔已矣。』公西华曰：『正唯弟子不能学也。』

子疾病，子路请祷。子曰：『有诸？』子路对曰：『有之。《诔》曰：「祷尔于上下神祇。」』子曰：『丘之祷久矣。』

子曰：『奢则不孙，俭则固。与其不孙也，宁固。』

子曰：『君子坦荡荡，小人长戚戚。』

子温而厉，威而不猛，恭而安。

泰伯第八

子曰：『泰伯，其可谓至德也已矣！三以天下让，民无得而称焉。』

子曰：『恭而无礼则劳，慎而无礼则葸，勇而无礼则乱，直而无礼则绞。君子笃于亲，则民兴于仁；故旧不遗，则民不偷。』

曾子有疾，召门弟子曰：『启予足！启予手！《诗》云：「战战兢兢，如临深渊，如履薄冰。』而今而后，吾知免夫！小子！』

曾子有疾，孟敬子问之。曾子言曰：『鸟之将死，其鸣也哀；人之将死，其言也善。君子所贵乎道者三：动容貌，斯远暴慢矣；正颜色，斯近信矣；出辞气，斯远鄙倍矣。笾豆之事，则有司存。』

曾子曰：『以能问于不能，以多问于寡；有若无，实若虚，犯而不校，昔者吾友尝从事于斯矣。』

曾子曰：『可以托六尺之孤，可以寄百里之命，临大节而不可夺也，君子人与？君子人也。』

曾子曰：『士不可以不弘毅，任重而道远。仁以为己任，不亦重乎？死而后已，不亦远乎？』

子曰：『兴于《诗》，立于礼，成于乐。』

子曰：民可使由之，不可使知之。』

子曰：『好勇疾贫，乱也。人而不仁，疾之已甚，乱也。』

子曰：『如有周公之才之美，使骄且吝，其余不足观也已。』

子曰：『三年学，不至于穀，不易得也。』

子曰：『笃信好学，守死善道。危邦不入，乱邦不居。天下有道则见，无道则隐。邦有道，贫且贱焉，耻也；邦无道，富且贵焉，耻也。』

子曰：『不在其位，不谋其政。』

子曰：『师挚之始，《关雎》之乱，洋洋乎盈耳哉！』

子曰：『狂而不直，侗而不愿，悾悾而不信，吾不知之矣。』

子曰：『学如不及，犹恐失之。』

子曰：『巍巍乎！舜、禹之有天下也，而不与焉！』

子曰：『大哉尧之为君也！巍巍乎！唯天为大，唯尧则之。荡荡乎！民无能名焉。巍巍乎其有成功也，焕乎其有文章！』

舜有臣五人而天下治。武王曰：『予有乱臣十人。』孔子曰：『才难，不其然乎？唐、虞之际，于斯为盛。有妇人焉，九人而已。三分天下有其二，以服事殷。周之德，其可谓至德也已矣。』

子曰：『禹，吾无间然矣。菲饮食而致孝乎鬼神，恶衣服而致美乎黻冕，卑宫室而尽力乎沟洫。禹，吾无间然矣。』

子罕第九

子罕言利与命与仁。

达巷党人曰：『大哉孔子！博学而无所成名。』子闻之，谓门弟子曰：『吾何执？执御乎？执射乎？吾执御矣。』

子曰：『麻冕，礼也；今也纯，俭，吾从众。拜下，礼也；今拜乎上，泰也。虽违众，吾从下。』

子绝四：毋意，毋必，毋固，毋我。

子畏于匡，曰：『文王既没，文不在兹乎？天之将丧斯文也，后死者不得与于斯文也；天之未丧斯文也，匡人其如予何？』

太宰问于子贡曰：『夫子圣者与？何其多能也？』子贡曰：『固天纵之将圣，又多能也。』子闻之，曰：『太宰知我乎！吾少也贱，故多能鄙事。君子多乎哉？不多也。』牢曰：『子云：「吾不试，故艺。」』

子曰：『吾有知乎哉？无知也。有鄙夫问于我，空空如也，我叩其两端而竭焉。』

子曰：『凤鸟不至，河不出图，吾已矣夫！』

子见齐衰者、冕衣裳者与瞽者，见之，虽少，必作；过之，必趋。

颜渊喟然叹曰：『仰之弥高，钻之弥坚；瞻之在前，忽焉在后。夫子循循然善诱人，博我以文，约我以礼。欲罢不能，既竭吾才，如有所立卓尔。虽欲从之，末由也已。』

子疾病，子路使门人为臣。病间，曰：『久矣哉，由之行诈也！无臣而为有臣。吾谁欺？欺天乎？且予与其死于臣之手也，无宁死于二三子之手乎？且予纵不得大葬，予死于道路乎？』

子贡曰：『有美玉于斯，韫椟而藏诸？求善贾而沽诸？』子曰：『沽之哉！沽之哉！我待贾者也。』

子欲居九夷。或曰：『陋，如之何？』子曰：『君子居之，何陋之有？』

子曰：『吾自卫反鲁，然后乐正，《雅》、《颂》各得其所。』

子曰：『出则事公卿，入则事父兄，丧事不敢不勉，不为酒困，何有于我哉？』

子在川上，曰：『逝者如斯夫！不舍昼夜。』

子曰：『吾未见好德如好色者也。』

子曰：『譬如为山，未成一篑，止，吾止也。譬如平地，虽覆一篑，进，吾往也。』

子曰：『语之而不惰者，其回也与！』

子谓颜渊，曰：『惜乎！吾见其进也，未见其止也。』

子曰：『苗而不秀者有矣夫！秀而不实者有矣夫！』

子曰：『后生可畏，焉知来者之不如今也？四十、五十而无闻焉，斯亦不足畏也已。』

子曰：『法语之言，能无从乎？改之为贵。巽与之言，能无说乎？绎之为贵。说而不绎，从而不改，吾末如之何也已矣。』

子曰：『主忠信，毋友不如己者，过则勿惮改。』

子曰：『三军可夺帅也，匹夫不可夺志也。』

子曰：『衣敝缊袍，与衣狐貉者立，而不耻者，其由也与？「不忮不求，何用不臧？」』子路终身诵之。子曰：『是道也，何足以臧？』

子曰：『岁寒，然后知松柏之后雕也。』

子曰：『知者不惑，仁者不忧，勇者不惧。』

子曰：『可与共学，未可与适道；可与适道，未可与立；可与立，未可与权。』

『唐棣之华，偏其反而。岂不尔思？室是远而。』子曰：『未之思也。夫何远之有？』

乡党第十

孔子于乡党，恂恂如也，似不能言者。其在宗庙朝庭，便便言，唯谨尔。

朝，与下大夫言，侃侃如也；与上大夫言，訚訚如也。君在，踧踖如也，与与如也。

君召使摈，色勃如也，足躩如也。揖所与立，左右手，衣前后，襜如也。

趋进，翼如也。宾退，必复命曰：『宾不顾矣。』

入公门，鞠躬如也，如不容。立不中门，行不履阈。过位，色勃如也，足躩如也，其言似不足者。摄齐升堂，鞠躬如也，屏气似不息者。出，降一等，逞颜色，怡怡如也。没阶，趋进，翼如也。复其位，踧踖如也。

执圭，鞠躬如也，如不胜。上如揖，下如授。勃如战色，足蹜蹜，如有循。享礼，有容色。私觌，愉愉如也。

君子不以绀緅饰，红紫不以为亵服。当暑，袗絺绤，必表而出之。缁衣羔裘，素衣麑裘，黄衣狐裘。亵裘长，短右袂。必有寝衣，长一身有半。狐貉之厚以居。去丧，无所不佩。非帷裳，必杀之。羔裘玄冠不以吊。吉月，必朝服而朝。

齐，必有明衣，布。齐，必变食，居必迁坐。

食不厌精，脍不厌细。食饐而餲，鱼馁而肉败，不食。色恶，不食。臭恶，不食。失饪，不食。不时，不食。割不正，不食。不得其酱，不食。肉虽多，不使胜食气。唯酒无量，不及乱。沽酒市脯，不食。不撤薑食，不多食。

祭于公，不宿肉。祭肉不出三日。出三日，不食之矣。食不语，寝不言。虽疏食菜羹，瓜祭，必齐如也。

席不正，不坐。

乡人饮酒，杖者出，斯出矣。乡人傩，朝服而立于阼阶。

问人于他邦，再拜而送之。康子馈药，拜而受之。曰：『丘未达，不敢尝。』

厩焚。子退朝，曰：『伤人乎？』不问马。

君赐食，必正席先尝之。君赐腥，必熟而荐之。君赐生，必畜之。侍食于君，君祭，先饭。疾，君视之，东首，加朝服，拖绅。君命召，不俟驾行矣。

入太庙，每事问。

朋友死，无所归，曰：『于我殡。』朋友之馈，虽车马，非祭肉，不拜。

寝不尸，居不容。见齐衰者，虽狎，必变。见冕者与瞽者，虽亵，必以貌。凶服者式之。式负版者。有盛馔，必变色而作。迅雷风烈，必变。

升车，必正立，执绥。车中，不内顾，不疾言，不亲指。

色斯举矣，翔而后集。曰：『山梁雌雉，时哉！时哉！』子路共之，三嗅而作。

先进第十一

子曰：『先进于礼乐，野人也；后进于礼乐，君子也。如用之，则吾从先进。』

子曰：『从我于陈、蔡者，皆不及门也。』德行：颜渊，闵子骞，冉伯牛，仲弓。言语：宰我，子贡。政事：冉有，季路。文学：子游，子夏。

子曰：『回也非助我者也，于吾言无所不说。』

子曰：『孝哉闵子骞！人不间于其父母昆弟之言。』

南容三复『白圭』，孔子以其兄之子妻之。

季康子问：『弟子孰为好学？』孔子对曰：『有颜回者好学，不幸短命死矣，今也则亡。』

颜渊死，颜路请子之车以为之椁。子曰：『才不才，亦各言其子也。鲤也死，有棺而无椁。吾不徒行以为之椁。以吾从大夫之后，不可徒行也。』

颜渊死。子曰：『噫！天丧予！天丧予！』

颜渊死，子哭之恸。从者曰：『子恸矣！』曰：『有恸乎？非夫人之为恸而谁为？』

颜渊死，门人欲厚葬之。子曰：『不可。』门人厚葬之。子曰：『回也视予犹父也，予不得视犹子也。非我也，夫二三子也。』

季路问事鬼神。子曰：『未能事人，焉能事鬼？』曰：『敢问死。』曰：『未知生，焉知死？』

闵子侍侧，訚訚如也；子路，行行如也；冉有、子贡，侃侃如也。子乐。『若由也，不得其死然。』

鲁人为长府。闵子骞曰：『仍旧贯，如之何？何必改作？』子曰：『夫人不言，言必有中。』

子曰：『由之瑟，奚为于丘之门？』门人不敬子路。子曰：『由也升堂矣，未入于室也。』

子贡问：『师与商也孰贤？』子曰：『师也过，商也不及。』曰：『然则师愈与？』子曰：『过犹不及。』

『季氏富于周公，而求也为之聚敛而附益之。』子曰：『非吾徒也，小子鸣鼓而攻之，可也。』

柴也愚，参也鲁，师也辟，由也喭。

子曰：『回也其庶乎！屡空。赐不受命，而货殖焉，亿则屡中。』

子张问善人之道。子曰：『不践迹，亦不入于室。』

子曰：『论笃是与，君子者乎？色庄者乎？』

子路问：『闻斯行诸？』子曰：『有父兄在，如之何其闻斯行之？』冉有问：『闻斯行诸？』子曰：『闻斯行之。』公西华曰：『由也问「闻斯行诸」，子曰：「有父兄在」；求也问「闻斯行诸」，子曰：「闻斯行之」。赤也惑，敢问。』子曰：『求也退，故进之；由也兼人，故退之。』

子畏于匡，颜渊后。子曰：『吾以女为死矣。』曰：『子在，回何敢死！』

季子然问：『仲由、冉求，可谓大臣与？』子曰：『吾以子为异之问，曾由与求之问。所谓大臣者：以道事君，不可则止。今由与求也，可谓具臣矣。』曰：『然则从之者与？』子曰：『弑父与君，亦不从也。』

子路使子羔为费宰。子曰：『贼夫人之子。』子路曰：『有民人焉，有社稷焉。何必读书，然后为学？』子曰：『是故恶夫佞者。』

子路、曾皙、冉有、公西华侍坐。子曰：『以吾一日长乎尔，毋吾以也。居则曰：「不吾知也！」如或知尔，则何以哉？』子路率尔而对曰：『千乘之国，摄乎大国之间，加之以师旅，因之以饥馑，由也为之，比及三年，可使有勇，且知方也。』夫子哂之。『求！尔何如？』对曰：『方六七十，如五六十，求也为之，比及三年，可使足民。如其礼乐，以俟君子。』『赤！尔何如？』对曰：『非曰能之，愿学焉。宗庙之事，如会同，端章甫，愿为小相焉。』『点！尔何如？』鼓瑟希，铿尔，舍瑟而作。对曰：『异乎三子者之撰。』子曰：『何伤乎？亦各言其志也。』曰：『莫春者，春服既成，冠者五六人，童子六七人，浴乎沂，风乎舞雩，咏而归。』夫子喟然叹曰：『吾与点也！』三子者出，曾皙后。曾皙曰：『夫三子者之言何如？』子曰：『亦各言其志也已矣。』曰：『夫子何哂由也？』曰：『为国以礼，其言不让，是故哂之。』『唯求则非邦也与？』『安见方六七十如五六十而非邦也者？』『唯赤则非邦也与？』『宗庙会同，非诸侯而何？赤也为之小，孰能为之大？』

颜渊第十二

颜渊问仁。子曰：『克己复礼为仁。一日克己复礼，天下归仁焉。为仁由己，而由人乎哉？』颜渊曰：『请问其目？』子曰：『非礼勿视，非礼勿听，非礼勿言，非礼勿动。』颜渊曰：『回虽不敏，请事斯语矣。』

仲弓问仁。子曰：『出门如见大宾，使民如承大祭。己所不欲，勿施于人。在邦无怨，在家无怨。』仲弓曰：『雍虽不敏，请事斯语矣。』

司马牛问仁。子曰：『仁者，其言也讱。』曰：『其言也讱，斯谓之仁已乎？』子曰：『为之难，言之得无讱乎？』

司马牛问君子。子曰：『君子不忧不惧。』曰：『不忧不惧，斯谓之君子已乎？』子曰：『内省不疚，夫何忧何惧？』

司马牛忧曰：『人皆有兄弟，我独亡。』子夏曰：『商闻之矣：死生有命，富贵在天。君子敬而无失，与人恭而有礼。四海之内，皆兄弟也。君子何患乎无兄弟也？』

子张问明。子曰：『浸润之谮，肤受之愬，不行焉，可谓明也已矣。浸润之谮，肤受之愬，不行焉，可谓远也已矣。』

子贡问政。子曰：『足食，足兵，民信之矣。』子贡曰：『必不得已而去，于斯三者何先？』曰：『去兵。』子贡曰：『必不得已而去，于斯二者何先？』曰：『去食。自古皆有死，民无信不立。』

棘子成曰：『君子质而已矣，何以文为？』子贡曰：『惜乎，夫子之说，君子也！驷不及舌。文犹质也，质犹文也。虎豹之鞟犹犬羊之鞟。』

哀公问于有若曰：『年饥，用不足，如之何？』有若对曰：『盍彻乎？』曰：『二，吾犹不足，如之何其彻也？』对曰：『百姓足，君孰与不足？百姓不足，君孰与足？』

子张问崇德辨惑。子曰：『主忠信，徙义，崇德也。爱之欲其生，恶之

子路问政。子曰：『先之，劳之。』请益。曰：『无倦。』

仲弓为季氏宰，问政。子曰：『先有司，赦小过，举贤才。』曰：『焉知贤才而举之？』子曰：『举尔所知。尔所不知，人其舍诸？』

子路曰：『卫君待子而为政，子将奚先？』子曰：『必也正名乎！』子路曰：『有是哉，子之迂也！奚其正？』子曰：『野哉，由也！君子于其所不知，盖阙如也。名不正，则言不顺；言不顺，则事不成；事不成，则礼乐不兴；礼乐不兴，则刑罚不中；刑罚不中，则民无所错手足。故君子名之必可言也，言之必可行也。君子于其言，无所苟而已矣。』

樊迟请学稼。子曰：『吾不如老农。』请学为圃。曰：『吾不如老圃。』樊迟出。子曰：『小人哉，樊须也！上好礼，则民莫敢不敬；上好义，则民莫敢不服；上好信，则民莫敢不用情。夫如是，则四方之民襁负其子而至矣，焉用稼？』

子曰：『诵《诗》三百，授之以政，不达；使于四方，不能专对；虽多，亦奚以为？』

子曰：『其身正，不令而行；其身不正，虽令不从。』

子曰：『鲁卫之政，兄弟也。』

子谓卫公子荆，『善居室。始有，曰：「苟合矣。」少有，曰：「苟完矣。」富有，曰：「苟美矣。」』

子适卫，冉有仆。子曰：『庶矣哉！』冉有曰：『既庶矣，又何加焉？』曰：『富之。』曰：『既富矣，又何加焉？』曰：『教之。』

子曰：『苟有用我者，期月而已可也，三年有成。』

子曰：『善人为邦百年，亦可以胜残去杀矣。诚哉是言也！』

子曰：『如有王者，必世而后仁。』

子曰：『苟正其身矣，于从政乎何有？不能正其身，如正人何？』

冉子退朝。子曰：『何晏也？』对曰：『有政。』子曰：『其事也。如有政，虽不吾以，吾其与闻之。』

定公问：『一言而可以兴邦，有诸？』孔子对曰：『言不可以若是其几也。人之言曰：「为君难，为臣不易。」如知为君之难也，不几乎一言而兴邦乎？』曰：『一言而丧邦，有诸？』孔子对曰：『言不可以若是其几也。人之言曰：「予无乐乎为君，惟其言而莫予违也。」如其善而莫之违也，不亦善乎？如不善而莫之违也，不几乎一言而丧邦乎？』

叶公问政。子曰：『近者悦，远者来。』

子夏为莒父宰，问政。子曰：『无欲速，无见小利。欲速，则不达；见小利，则大事不成。』

叶公语孔子曰：『吾党有直躬者，其父攘羊，而子证之。』孔子曰：『吾党之直者异于是。父为子隐，子为父隐。直在其中矣。』

樊迟问仁。子曰：『居处恭，执事敬，与人忠。虽之夷狄，不可弃也。』

子贡问曰：『何如斯可谓之士矣？』子曰：『行己有耻，使于四方，不辱君命，可谓士矣。』曰：『敢问其次。』曰：『宗族称孝焉，乡党称弟焉。』曰：『敢问其次。』曰：『言必信，行必果，硁硁然小人哉！抑亦可以为次矣。』曰：『今之从政者何如？』子曰：『噫！斗筲之人，何足算也？』

子曰：『不得中行而与之，必也狂狷乎！狂者进取，狷者有所不为也。』

子曰：『南人有言曰：「人而无恒，不可以作巫医。」善夫！』『不恒其德，或承之羞。』子曰：『不占而已矣。』

子曰：『君子和而不同，小人同而不和。』

子贡问曰：『乡人皆好之，何如？』子曰：『未可也。』『乡人皆恶之，何如？』子曰：『未可也。不如乡人之善者好之，其不善者恶之。』

子曰：『君子易事而难说也。说之不以道，不说也；及其使人也，器之。小人难事而易说也。说之虽不以道，说也；及其使人也，求备焉。』

子曰：『君子泰而不骄，小人骄而不泰。』

子曰：『刚、毅、木、讷近仁。』

子路问曰：『何如斯可谓之士矣？』子曰：『切切、偲偲，怡怡如也，可谓士矣。朋友切切、偲偲，兄弟怡怡。』

子曰：『善人教民七年，亦可以即戎矣。』

子曰：『以不教民战，是谓弃之。』

宪问第十四

宪问耻。子曰：『邦有道，谷；邦无道，谷，耻也。』

『克、伐、怨、欲不行焉，可以为仁矣？』子曰：『可以为难矣，仁则吾不知也。』

子曰：『士而怀居，不足以为士矣。』

子曰：『邦有道，危言危行；邦无道，危行言孙。』

子曰：『有德者必有言，有言者不必有德；仁者必有勇，勇者不必有仁。』

南宫适问于孔子曰：『羿善射，奡荡舟，俱不得其死然。禹稷躬稼，而有天下。』夫子不答。南宫适出。子曰：『君子哉若人！尚德哉若人！』

子曰：『君子而不仁者有矣夫，未有小人而仁者也。』

子曰：『爱之，能勿劳乎？忠焉，能勿诲乎？』

子曰：『为命，裨谌草创之，世叔讨论之，行人子羽修饰之，东里子产润色之。』

或问子产。子曰：『惠人也。』问子西。曰：『彼哉！彼哉！』问管仲。曰：『人也。夺伯氏骈邑三百，饭疏食，没齿无怨言。』

子曰：『贫而无怨难，富而无骄易。』

子曰：『孟公绰为赵、魏老则优，不可以为滕、薛大夫。』

子路问成人。子曰：『若臧武仲之知，公绰之不欲，卞庄子之勇，冉求之艺，文之以礼乐，亦可以为成人矣。』曰：『今之成人者何必然？见利思义，见危授命，久要不忘平生之言，亦可以为成人矣。』

子问公叔文子于公明贾曰：『信乎，夫子不言，不笑，不取乎？』公明贾对曰：『以告者过也。夫子时然后言，人不厌其言；乐然后笑，人不厌其笑；义然后取，人不厌其取。』子曰：『其然？岂其然乎？』

子曰：『臧武仲以防求为后于鲁，虽曰不要君，吾不信也。』

子曰：『晋文公谲而不正，齐桓公正而不谲。』

子路曰：『桓公杀公子纠，召忽死之，管仲不死。』曰：『未仁乎？』子曰：『桓公九合诸侯，不以兵车，管仲之力也。如其仁，如其仁。』

子贡曰：『管仲非仁者与？桓公杀公子纠，不能死，又相之。』子曰：『管仲相桓公，霸诸侯，一匡天下，民到于今受其赐。微管仲，吾其被发左衽矣。岂若匹夫匹妇之为谅也，自经于沟渎而莫之知也？』

公叔文子之臣大夫僎，与文子同升诸公。子闻之，曰：『可以为「文」矣。』

子言卫灵公之无道也，康子曰：『夫如是，奚而不丧？』孔子曰：『仲叔圉治宾客，祝鮀治宗庙，王孙贾治军旅。夫如是，奚其丧？』

子曰：『其言之不怍，则为之也难。』

陈成子弑简公。孔子沐浴而朝，告于哀公曰：『陈恒弑其君，请讨之。』公曰：『告夫三子！』孔子曰：『以吾从大夫之后，不敢不告也。君曰「告夫三子」者！』之三子告，不可。孔子曰：『以吾从大夫之后，不敢不告也。』

子路问事君。子曰：『勿欺也，而犯之。』

子曰：『君子上达，小人下达。』

子曰：『古之学者为己，今之学者为人。』

蘧伯玉使人于孔子。孔子与之坐而问焉，曰：『夫子何为？』对曰：『夫子欲寡其过而未能也。』使者出，子曰：『使乎！使乎！』

子曰：『不在其位，不谋其政。』

曾子曰：『君子思不出其位。』

子曰：『君子耻其言而过其行。』

子曰：『君子道者三，我无能焉：仁者不忧，知者不惑，勇者不惧。』子贡曰：『夫子自道也。』

子贡方人。子曰：『赐也贤乎哉？夫我则不暇。』

子曰：『不患人之不己知，患其不能也。』

子曰：『不逆诈，不亿不信，抑亦先觉者，是贤乎！』

微生亩谓孔子曰：『丘何为是栖栖者与？无乃为佞乎？』孔子曰：『非敢为佞也，疾固也。』

子曰：『骥不称其力，称其德也。』

或曰：『以德报怨，何如？』子曰：『何以报德？以直报怨，以德报德。』

子曰：『莫我知也夫！』子贡曰：『何为其莫知子也？』子曰：『不怨天，不尤人。下学而上达。知我者其天乎！』

公伯寮愬子路于季孙。子服景伯以告，曰：『夫子固有惑志于公伯寮，吾力犹能肆诸市朝。』子曰：『道之将行也与，命也；道之将废也与，命也。公伯寮其如命何！』

子曰：『贤者辟世，其次辟地，其次辟色，其次辟言。』

子曰：『作者七人矣。』

子路宿于石门。晨门曰：『奚自？』子路曰：『自孔氏。』曰：『是知其不可而为之者与？』

子击磬于卫，有荷蒉而过孔氏之门者，曰：『有心哉！击磬乎！』既而曰：『鄙哉！硁硁乎！莫己知也，斯己而已矣。深则厉，浅则揭。』子曰：『果哉！末之难矣。』

子张曰：『《书》云：「高宗谅阴，三年不言。」何谓也？』子曰：『何必高宗？古之人皆然。君薨，百官总己以听于冢宰三年。』

子曰：『上好礼，则民易使也。』

子路问君子。子曰：『修己以敬。』曰：『如斯而已乎？』曰：『修己以安人。』曰：『如斯而已乎？』曰：『修己以安百姓。修己以安百姓，尧、舜其犹病诸？』

原壤夷俟。子曰：『幼而不孙弟，长而无述焉，老而不死，是为贼。』以杖叩其胫。

阙党童子将命。或问之曰：『益者与？』子曰：『吾见其居于位也，见其与先生并行也。非求益者也，欲速成者也。』

卫灵公第十五

卫灵公问陈于孔子。孔子对曰：『俎豆之事，则尝闻之矣；军旅之事，未之学也。』明日遂行。在陈绝粮，从者病，莫能兴。子路愠见，曰：

『君子亦有穷乎？』子曰：『君子固穷，小人穷斯滥矣。』

子曰：『赐也，女以予为多学而识之者与？』对曰：『然，非与？』曰：『非也，予一以贯之。』

子曰：『由！知德者鲜矣。』

子曰：『无为而治者，其舜也与？夫何为哉？恭己正南面而已矣。』

子张问行。子曰：『言忠信，行笃敬，虽蛮貊之邦，行矣；言不忠信，行不笃敬，虽州里，行乎哉？立，则见其参于前也，在舆，则见其倚于衡也。夫然后行。』子张书诸绅。

子曰：『直哉史鱼！邦有道，如矢；邦无道，如矢。君子哉蘧伯玉！邦有道，则仕；邦无道，则可卷而怀之。』

子曰：『可与言而不与之言，失人；不可与言而与之言，失言。知者不失人，亦不失言。』

子曰：『志士仁人，无求生以害仁，有杀身以成仁。』

子贡问为仁。子曰：『工欲善其事，必先利其器。居是邦也，事其大夫之贤者，友其士之仁者。』

颜渊问为邦。子曰：『行夏之时，乘殷之辂，服周之冕，乐则《韶》舞。放郑声，远佞人。郑声淫，佞人殆。』

子曰：『人无远虑，必有近忧。』

子曰：『已矣乎！吾未见好德如好色者也。』

子曰：『臧文仲其窃位者与？知柳下惠之贤，而不与立也。』

子曰：『躬自厚而薄责于人，则远怨矣。』

子曰：『不曰「如之何，如之何」者，吾末如之何也已矣。』

子曰：『群居终日，言不及义，好行小慧，难矣哉！』

子曰：『君子义以为质，礼以行之，孙以出之，信以成之。君子哉！』

子曰：『君子病无能焉，不病人之不己知也。』

子曰：『君子疾没世而名不称焉。』

子曰：『君子求诸己，小人求诸人。』

子曰：『君子矜而不争，群而不党。』

子曰：『君子不以言举人，不以人废言。』

子贡问曰：『有一言而可以终身行之者乎？』子曰：『其「恕」乎！己所不欲，勿施于人。』

子曰：『吾之于人也，谁毁谁誉？如有所誉者，其有所试矣。斯民也，三代之所以直道而行也。』

子曰：『吾犹及史之阙文也。有马者借人乘之，今亡矣夫！』

子曰：『巧言乱德。小不忍，则乱大谋。』

子曰：『众恶之，必察焉；众好之，必察焉。』

子曰：『人能弘道，非道弘人。』

子曰：『过而不改，是谓过矣。』

子曰：『吾尝终日不食，终夜不寝，以思，无益，不如学也。』

子曰：『君子谋道不谋食。耕也，馁在其中矣；学也，禄在其中矣。君子忧道不忧贫。』

子曰：『知及之，仁不能守之，虽得之，必失之。知及之，仁能守之。不庄以涖之，则民不敬。知及之，仁能守之，庄以涖之，动之不以礼，未善也。』

子曰：『君子不可小知，而可大受也。小人不可大受，而可小知也。』

子曰：『民之于仁也，甚于水火。水火，吾见蹈而死者矣，未见蹈仁而死者也。』

子曰：『当仁，不让于师。』

子曰：『君子贞而不谅。』

子曰：『事君，敬其事而后其食。』

子曰：『有教无类。』

子曰：『道不同，不相为谋。』

子曰：『辞达而已矣。』

师冕见，及阶，子曰：『阶也。』及席，子曰：『席也。』皆坐，子告之曰：『某在斯，某在斯。』师冕出，子张问曰：『与师言之道与？』子曰：『然。固相师之道也。』

季氏第十六

季氏将伐颛臾。冉有、季路见于孔子，曰：『季氏将有事于颛臾。』孔子曰：『求！无乃尔是过与？夫颛臾，昔者先王以为东蒙主，且在邦域之中矣，是社稷之臣也。何以伐为？』冉有曰：『夫子欲之，吾二臣者皆不欲也。』孔子曰：『求！周任有言曰：「陈力就列，不能者止。」危而不持，颠而不扶，则将焉用彼相矣？且尔言过矣。虎兕出于柙，龟玉毁于椟中，是谁之过与？』冉有曰：『今夫颛臾，固而近于费。今不取，后世必为子孙忧。』孔子曰：『求！君子疾夫舍曰「欲之」，而必为之辞。丘也闻：有国有家者，不患寡而患不均，不患贫而患不安。盖均无贫，和无寡，安无倾。夫如是，故远人不服，则修文德以来之。既来之，则安之。今由与求也，相夫子，远人不服，而不能来也；邦分崩离析，而不能守也；而谋动干戈于邦内。吾恐季孙之忧，不在颛臾，而在萧墙之内也。』

孔子曰：『天下有道，则礼乐征伐自天子出；天下无道，则礼乐征伐自诸侯出。自诸侯出，盖十世希不失矣；自大夫出，五世希不失矣；陪

臣执国命，三世希不失矣。天下有道，则政不在大夫。天下有道，则庶人不议。』

孔子曰：『禄之去公室五世矣，政逮于大夫四世矣，故夫三桓之子孙微矣。』

孔子曰：『益者三友，损者三友。友直，友谅，友多闻，益矣。友便辟，友善柔，友便佞，损矣。』

孔子曰：『益者三乐，损者三乐。乐节礼乐，乐道人之善，乐多贤友，益矣。乐骄乐，乐佚游，乐宴乐，损矣。』

孔子曰：『侍于君子有三愆：言未及之而言，谓之躁；言及之而不言，谓之隐；未见颜色而言，谓之瞽。』

孔子曰：『君子有三戒：少之时，血气未定，戒之在色；及其壮也，血气方刚，戒之在斗；及其老也，血气既衰，戒之在得。』

孔子曰：『君子有三畏：畏天命，畏大人，畏圣人之言。小人不知天命而不畏也，狎大人，侮圣人之言。』

孔子曰：『生而知之者，上也；学而知之者，次也；困而学之，又其次也；困而不学，民斯为下矣。』

孔子曰：『君子有九思：视思明，听思聪，色思温，貌思恭，言思忠，事思敬，疑思问，忿思难，见得思义。』

孔子曰：『见善如不及，见不善如探汤。吾见其人矣，吾闻其语矣。隐居以求其志，行义以达其道。吾闻其语矣，未见其人也。』

齐景公有马千驷，死之日，民无德而称焉。伯夷、叔齐饿于首阳之下，民到于今称之。其斯之谓与？

陈亢问于伯鱼曰：『子亦有异闻乎？』对曰：『未也。尝独立，鲤趋而过庭。曰：「学《诗》乎？」对曰：「未也。」「不学《诗》，无以言。」鲤退而学《诗》。他日，又独立，鲤趋而过庭。曰：「学《礼》乎？」对曰：「未也。」「不学《礼》，无以立。」鲤退而学《礼》。闻斯二者。』陈亢退而喜曰：『问一得三，闻《诗》、闻《礼》，又闻君子之远其子也。』

邦君之妻，君称之曰『夫人』，夫人自称曰『小童』；邦人称之曰『君夫人』，称诸异邦曰『寡小君』；异邦人称之亦曰『君夫人』。

阳货第十七

阳货欲见孔子，孔子不见，归孔子豚。孔子时其亡也，而往拜之。遇诸涂。谓孔子曰：『来！予与尔言。』曰：『怀其宝而迷其邦，可谓仁乎？』曰：『不可。』『好从事而亟失时，可谓知乎？』曰：『不可。』『日月逝矣，岁不我与。』孔子曰：『诺。吾将仕矣。』

子曰：『性相近也，习相远也。』

子曰：『唯上知与下愚不移。』

子之武城，闻弦歌之声。夫子莞尔而笑，曰：『割鸡焉用牛刀？』子游对曰：『昔者偃也闻诸夫子曰：「君子学道则爱人，小人学道则易使也。」』子曰：『二三子！偃之言是也。前言戏之耳。』

公山弗扰以费畔，召，子欲往。子路不说，曰：『末之也已，何必公山氏之之也。』子曰：『夫召我者，而岂徒哉？如有用我者，吾其为东周乎？』

子张问仁于孔子。孔子曰：『能行五者于天下，为仁矣。』请问之。曰：『恭，宽，信，敏，惠。恭则不侮，宽则得众，信则人任焉，敏则有功，惠则足以使人。』

佛肸召，子欲往。子路曰：『昔者由也闻诸夫子曰：「亲于其身为不善者，君子不入也。」佛肸以中牟畔。子之往也，如之何？』子曰：『然，有是言也。不曰坚乎，磨而不磷；不曰白乎，涅而不缁。吾岂匏瓜也哉？焉能系而不食？』

子曰：『由也！女闻六言六蔽矣乎？』对曰：『未也。』『居！吾语女。好仁不好学，其蔽也愚；好知不好学，其蔽也荡；好信不好学，其蔽也贼；好直不好学，其蔽也绞；好勇不好学，其蔽也乱；好刚不好学，其蔽也狂。』

子曰：『小子！何莫学夫《诗》？《诗》，可以兴，可以观，可以群，可以怨。迩之事父，远之事君；多识于鸟兽草木之名。』

子谓伯鱼曰：『女为《周南》、《召南》矣乎？人而不为《周南》、《召南》，其犹正墙面而立也与？』

子曰：『礼云礼云，玉帛云乎哉？乐云乐云，钟鼓云乎哉？』

子曰：『色厉而内荏，譬诸小人，其犹穿窬之盗也与？』

子曰：『乡愿，德之贼也。』

子曰：『道听而涂说，德之弃也。』

子曰：『鄙夫可与事君也与哉？其未得之也，患得之。既得之，患失之。苟患失之，无所不至矣。』

子曰：『古者民有三疾，今也或是之亡也。古之狂也肆，今之狂也荡；古之矜也廉，今之矜也忿戾；古之愚也直，今之愚也诈而已矣。』

子曰：『恶紫之夺朱也，恶郑声之乱雅乐也，恶利口之覆邦家者。』

子曰：『予欲无言。』子贡曰：『子如不言，则小子何述焉？』子曰：『天何言哉？四时行焉，百物生焉，天何言哉？』

孺悲欲见孔子，孔子辞以疾。将命者出户，取瑟而歌，使之闻之。

宰我问：『三年之丧，期已久矣。君子三年不为礼，礼必坏；三年不为乐，乐必崩。旧谷既没，新谷既升，钻燧改火，期可已矣。』子曰：『食夫稻，衣夫锦，于女安乎？』曰：『安。』『女安，则为之！夫君子之居丧，食旨不甘，闻乐不乐，居处不安，故不为也。今女安，则为之！』宰我出。子曰：『予之不仁也！子生三年，然后免于父母之怀。夫三年之丧，天下之通丧也，予也有三年之爱于其父母乎？』

子曰：『饱食终日，无所用心，难矣哉！不有博弈者乎？为之，犹贤乎已。』

子路曰：『君子尚勇乎？』子曰：『君子义以为上。君子有勇而无义为乱；小人有勇而无义为盗。』

子贡曰：『君子亦有恶乎？』子曰：『有恶：恶称人之恶者，恶居下流而讪上者，恶勇而无礼者，恶果敢而窒者。』曰：『赐也亦有恶乎？』『恶徼以为知者，恶不孙以为勇者，恶讦以为直者。』

子曰：『唯女子与小人为难养也，近之则不孙，远之则怨。』

子曰：『年四十而见恶焉，其终也已。』

微子第十八

『微子去之，箕子为之奴，比干谏而死。』孔子曰：『殷有三仁焉。』

柳下惠为士师，三黜。人曰：『子未可以去乎？』曰：『直道而事人，焉往而不三黜？枉道而事人，何必去父母之邦？』

齐景公待孔子曰：『若季氏则吾不能，以季、孟之间待之。』曰：『吾老矣，不能用也。』孔子行。

齐人归女乐。季桓子受之，三日不朝，孔子行。

楚狂接舆歌而过孔子，曰：『凤兮！凤兮！何德之衰？往者不可谏，来者犹可追。已而！已而！今之从政者殆而！』孔子下，欲与之言。趋而辟之，不得与之言。

长沮、桀溺耦而耕，孔子过之，使子路问津焉。长沮曰：『夫执舆者为谁？』子路曰：『为孔丘。』曰：『是鲁孔丘与？』曰：『是也。』曰：『是知津矣。』问于桀溺。桀溺曰：『子为谁？』曰：『为仲由。』曰：『是鲁孔丘之徒与？』对曰：『然。』曰：『滔滔者天下皆是也，而谁以易之？且而与其从辟人之士也，岂若从辟世之士哉？』耰而不辍。子路行以告。夫子怃然曰：『鸟兽不可与同群，吾非斯人之徒与而谁与？天下有道，丘不与易也。』

子路从而后，遇丈人，以杖荷蓧。子路问曰：『子见夫子乎？』丈人曰：『四体不勤，五谷不分。孰为夫子？』植其杖而芸。子路拱而立。止子路宿，杀鸡为黍而食之，见其二子焉。明日，子路行以告。子曰：『隐者也。』使子路反见之。至则行矣。子路曰：『不仕无义。长幼之节，不可废也；君臣之义，如之何其废之？欲洁其身，而乱大伦。君子之仕也，行其义也。道之不行，已知之矣。』

逸民：伯夷、叔齐、虞仲、夷逸、朱张、柳下惠、少连。子曰：『不降其志，不辱其身，伯夷、叔齐与！』谓『柳下惠、少连，降志辱身矣，言中伦，行中虑，其斯而已矣。』谓『虞仲、夷逸，隐居放言，身中清，废中权。我则异于是，无可无不可。』

大师挚适齐，亚饭干适楚，三饭缭适蔡，四饭缺适秦。鼓方叔入于河，播鼗武入于汉，少师阳、击磬襄入于海。

周公谓鲁公曰：『君子不施其亲，不使大臣怨乎不以。故旧无大故，则不弃也。无求备于一人。』

周有八士：伯达、伯适、仲突、仲忽、叔夜、叔夏、季随、季騧。

子张第十九

子张曰：『士见危致命，见得思义，祭思敬，丧思哀，其可已矣。』

子张曰：『执德不弘，信道不笃，焉能为有？焉能为亡？』

子夏之门人问交于子张。子张曰：『子夏云何？』对曰：『子夏曰：「可者与之，其不可者拒之。」』子张曰：『异乎吾所闻：君子尊贤而容众，嘉善而矜不能。我之大贤与，于人何所不容？我之不贤与，人将拒我，如之何其拒人也？』

子夏曰：『虽小道，必有可观者焉；致远恐泥，是以君子不为也。』

子夏曰：『日知其所亡，月无忘其所能，可谓好学也已矣。』

子夏曰：『博学而笃志，切问而近思，仁在其中矣。』

子夏曰：『百工居肆以成其事，君子学以致其道。』

子夏曰：『小人之过也必文。』

子夏曰：『君子有三变：望之俨然，即之也温，听其言也厉。』

子夏曰：『君子信而后劳其民，未信则以为厉己也；信而后谏，未信则以为谤己也。』

子夏曰：『大德不逾闲，小德出入可也。』

子游曰：『子夏之门人小子，当洒扫应对进退，则可矣，抑末也。本之则无，如之何？』子夏闻之，曰：『噫！言游过矣！君子之道，孰先传焉？孰后倦焉？譬诸草木，区以别矣。君子之道，焉可诬也？有始有卒者，其惟圣人乎！』

子夏曰：『仕而优则学，学而优则仕。』

子游曰：『丧致乎哀而止。』

子游曰：『吾友张也，为难能也，然而未仁。』

曾子曰：『堂堂乎张也，难与并为仁矣。』

曾子曰：『吾闻诸夫子：人未有自致者也，必也亲丧乎！』

曾子曰：『吾闻诸夫子：孟庄子之孝也，其他可能也；其不改父之臣与父之政，是难能也。』

孟氏使阳肤为士师，问于曾子。曾子曰：『上失其道，民散久矣。如得其情，则哀矜而勿喜！』

子贡曰：『纣之不善，不如是之甚也。是以君子恶居下流，天下之恶皆归焉。』

子贡曰：『君子之过也，如日月之食焉：过也，人皆见之；更也，人皆仰之。』

卫公孙朝问于子贡曰：『仲尼焉学？』子贡曰：『文武之道，未坠于地，在人。贤者识其大者，不贤者识其小者，莫不有文、武之道焉。夫子焉不学？而亦何常师之有？』

叔孙武叔语大夫于朝，曰：『子贡贤于仲尼。』子服景伯以告子贡。子贡曰：『譬之宫墙，赐之墙也及肩，窥见室家之好。夫子之墙数仞，不得其门而入，不见宗庙之美，百官之富。得其门者或寡矣。夫子之云，不亦宜乎！』

叔孙武叔毁仲尼。子贡曰：『无以为也，仲尼不可毁也。他人之贤者，丘陵也，犹可逾也；仲尼，日月也，无得而逾焉。人虽欲自绝，其何伤于日月乎？多见其不知量也！』

陈子禽谓子贡曰：『子为恭也，仲尼岂贤于子乎？』子贡曰：『君子一言以为知，一言以为不知，言不可不慎也。夫子之不可及也，犹天之不可阶而升也。夫子之得邦家者，所谓立之斯立，道之斯行，绥之斯来，动之斯和。其生也荣，其死也哀，如之何其可及也？』

尧曰第二十

尧曰：『咨！尔舜！天之历数在尔躬。允执其中。四海困穷，天禄永终。』舜亦以命禹。曰：『予小子履，敢用玄牡，敢昭告于皇皇后帝：有罪不敢赦。帝臣不蔽，简在帝心。朕躬有罪，无以万方；万方有罪，罪在朕躬。』周有大赉，善人是富。『虽有周亲，不如仁人。百姓有过，在予一人。』谨权量，审法度，修废官，四方之政行焉。兴灭国，继绝世，举逸民，天下之民归心焉。所重：民、食、丧、祭。宽则得众，信则民任焉，敏则有功，公则说。

子张问于孔子曰：『何如斯可以从政矣？』子曰：『尊五美，屏四恶，斯可以从政矣。』子张曰：『何谓五美？』子曰：『君子惠而不费，劳而不怨，欲而不贪，泰而不骄，威而不猛。』子张曰：『何谓惠而不费？』子曰：『因民之所利而利之，斯不亦惠而不费乎？择可劳而劳之，又谁怨？欲仁而得仁，又焉贪？君子无众寡，无小大，无敢慢，斯不亦泰而不骄乎？君子正其衣冠，尊其瞻视，俨然人望而畏之，斯不亦威而不猛乎？』子张曰：『何谓四恶？』子曰：『不教而杀谓之虐；不戒视成谓之暴；慢令致期谓之贼；犹之与人也，出纳之吝，谓之有司。』

孔子曰：『不知命，无以为君子也；不知礼，无以立也；不知言，无以知人也。』

（韩慧强　校订）